誠

薄桜鬼《はくおうき》 新選組奇譚™

一

二宮サチ

監修
アイディアファクトリー
デザインファクトリー

目次

第一話

元治《げんち》元年 六月
京都市中――
はぁ
はぁ
会津中将《あいづちゅうじょう》お預り浪士隊《ろうしたい》
新選組《しんせんぐみ》――詮議《せんぎ》のため
宿内《しゅくない》を改める!

わざわざ大声で討ち入りを知らせちゃうとか
すごく近藤《こんどう》さんらしいよね
いいんじゃねえの？……正々堂々名乗りを上げる
それが討ち入りの定石ってもんだ
自分を不利な状況に追い込むのが
新八《しんぱ》っつぁんのいう定石？

はあ はあ

あれから…半年
父様を捜しに京都に出てきた時は
まさか新選組の伝令としてこの街を走るだなんて
思いもしなかったけど…
山南総長《さんなん》
やつらの会合場所が池田屋《いけだや》と判明しました

池田屋……!?
ああ それは困りましたね
新選組は意外と賭け事に弱いのかもしれない
そんな…
新選組の主戦力は四国屋《しこくや》のほうに向かって
池田屋のほうには近藤さんや幹部の方数人だけのはずじゃ…
山崎君《やまざき》 ひとつ面倒を頼まれてくれますか?

まず敵の所在は池田屋であると四国屋に向かった土方《ひじかた》君に伝えてください
そして大変お手数ですが
その伝令にはその子も同行させて欲しい
――え⁉
お言葉ですが総長 伝令であれば俺ひとりで事足ります
伝令に向かう途中他の浪士に足止めされるかもしれません

自分が長州《ちょうしゅう》援兵の足止めを行い
最悪は彼女だけでも土方隊に合流させよ と
!?
…私の言いたいことはわかりますか？
そんな!
最悪の場合には山崎さんが捨て駒になるってこと!?
ああ
…もちろん
山崎君が失敗するとは思っていませんよ
我々には人手が足りず
君には仕事が多い
…!
会津藩や所司代《しょしだい》への連絡も担ってもらわねば

たしか雪村《ゆきむら》千鶴《ちづる》君だったな
護身程度の術なら身につけていると聞いたが
はいっ…
残念ながら君の安全は保障できない
それで構わないというのであれば
俺に同行してくれ
私行きます

何があっても
この通りを走り抜けろ
……後ろを振り向く必要はない
怖い
いきなり暗闇から浪士に切りつけられるかもしれない
…でも

私が新選組に
やっかいになるようになって半年
半年近くもいっしょに
暮らしていたみんなを
!!
君は惑《まど》うな！
——すぐに合流できる！
……っ！

少しでも助けるために
何かできるのなら――
キィン
今は
山崎さんを信じて
走らなくちゃ！
ガキッ

はぁ…はぁっ
息が……
はぁっ…
苦しい……

ギクッ
…長州の浪士!?
何やってんだ
てめえは
…この…声

大丈夫か？
勝手に屯所《とんしょ》から出ると 後で土方さんに斬られるぞ？
ほ…

――本命は……池田……屋……

本命は　あっちか

薄桜鬼《はくおうき》
新選組奇譚
™

第二話

池田屋
ダンッ

くそっ

ぐああああ
うう…

ほう・・・
貴様は少しは楽しませてくれるか

はあ
はあ

…中はまだ混戦中のようだな
——俺は正面から突入する
ぎゃあっ
なら 俺は 裏にまわっておくわ
どうしよう…
どちらに私が ついていっても 迷惑なだけなんじゃ…
ぎゃあああああ!

畜生 手がたりねぇ……!
!!
永倉《ながくら》さんの声…!?
大丈夫か 総司《そうじ》!?
今度は近藤さんの声!?
沖田《おきた》さんの身に何か…?
おい! 誰かいねえのか!
ガターン
くそっ!
ガタ
死ぬなよ 平助《へいすけ》!!
平助君まで…!?

バサッ
そうだ…
私は──
少しでもみんなを
助けるために
何かできればと思って
ここまでついて来たんだ

――血のにおい…
……っ！

ぐあっ！
!?

おお 来てくれたか！
これは心強い援軍だな！
局長《きょくちょう》!!
俺は大丈夫だ
それより二階の総司を見てやってくれ
相当の手だれと戦っているはずだ
はっ
よう 斎藤《さいとう》
残念だったな
おいしいところはもらっちまったぜ

ふん……
…今日は譲ってやる
おー 負けず嫌い
な 永倉さん！
怪我《けが》してるじゃないですかっ!?
そりゃあ怪我もするだろうよ
中庭に倒れてる平助なんざひでぇもんだ
鉢金《はちがね》ごと額《ひたい》をパカっと割られちまってな
わ 笑いごとじゃないです……！
怪我人の救護はできるか？

……あんたは
蘭方医《らんぽうい》の娘だろう
できます！
……応急手当くらいなら
ですけど
十分だ
じゃあ
さっそく頼むぜ
は
はい！
中庭の平助も
見てやってくれ

そのまま私は
必死に怪我人の応急手当を続け
気がつくと いつの間にか戦いは終わっていた——
「池田屋事件」
攘夷過激派《じょういかげきは》の浪士たちを一網打尽《いちもうだじん》にしたこの事件により
新選組の名は
広く世に知られるようになる

だけど 新選組の被害も
小さなものでは済まなかった
沖田さんは胸部に一撃を受けて気絶していたし
平助君は額を切られて血が止まらなかった
永倉さんだって左手を負傷している
夕《ゆう》べは伝令ご苦労だったな

あ…
でも…皆
あんなに怪我を負って……
あいつらの怪我が
無駄《むだ》にならなかったのは
私
何かの役に立てたのか…
おまえの手柄だ

え…
おまえのおかげで役人たちへ先手を打つことができたからな
夕べ
皆が池田屋で戦っている時土方さんは大通りでお役人さんたちと対峙《たいじ》していた
池田屋に大挙して押し寄せあわよくば新選組の手柄を自分たちのものにしてしまおうとするお役人さんたちを

戦いが完全に終わるまで
池田屋に一歩も近づけなかったのだ
京都の治安を
浪士から守るという
意味では
お役人さんも
新選組も同じはずなのに……
浅葱《あさぎ》色の羽織をまとい
京の治安を守るため
浪士を切り捨てる
有名な人斬り集団――新選組

ほんの半年前までは
私もそんな認識しかなかった
あの晩 彼らに命を救われるまでは――
ぎゃあああああああ!?
ビクッ
文久《ぶんきゅう》三年 十二月
京都 路地裏
畜生
やりやがったな!
くそ
なんで死なねえんだよ!
……駄目だ
こいつら刀がきかねえ!

ガタ
ガタ
何!?
何が起きているの?
浅葱色の…羽織?

ひひひ……
ダッ
た助け――
ギャああっ
ひゃははは
ザッ
ザッ

……こんなの人間じゃない……
こ 壊れてる!!
!!!

あ
ひゃははは

え…？
あーあ 残念だな
僕ひとりで始末しちゃうつもりだったのに
斎藤君 こんなときに限って仕事が速いよね
俺は務めを果たすべく
動いたまでだ

——あんたと違って
俺に戦闘狂の気《け》はない
うわ
ひどい言い草だなぁ
まるで僕が
戦闘狂みたいだ
……否定はしないのか
あ…あの…

でもさあいつらがこの子を殺しちゃうまで黙って見てれば
僕たちの手間もはぶけたのかな？
さあな
……少なくともその判断は俺たちが下すべきものではない
え……？

ガンッ

……運のないやつだ

いいか
逃げるなよ
コクコク
背を向ければ斬る
あれ？
いいんですか
土方さん
この子さっきの
見ちゃったんですよ？
カチン
え……？

いちいち余計なこと喋るんじゃねえよ
下手な話を聞かせちまうと始末せざるを得なくなるだろうが
…さっきのアレは
見てはいけないものだったんだ…
この子を生かしておいても厄介《やっかい》なことにしかならないと思いますけどね
とにかく殺せばいいってもんじゃねえだろ
……こいつの処分は帰ってから決める

俺は副長の判断に賛成です
長く留まれば他の人間に見つかるかもしれない
…しかしこうも血に狂うとは
実務に使える代物《しろもの》ではありませんね
頭の痛え話だ
まさか ここまでひどいとはな
…死体の処理はいかように？
肉体的な異常は特に現れていないようですが
羽織だけ脱がしとけ

……後は山崎君が
なんとかしてくれんだろ
御意
ねえ ところでさ
びくっ

助けてあげたのにお礼のひとつもないの？
……え？
助けたって……
ええ!?
……でも
結果論かも知れないけど
……たしかに助けてもらった
すくっ
ぱん
ぱん

あの
ありがとうございました
お礼を言うのが遅くなってすみません
……いろいろあって混乱していたもので
なんというか…
わ…私も場違いかなとは思いましたよ!?
でも この人がお礼を言えって…
あ…
かあああ

は…あっははははは
あ…ごめんごめん
──…
そうだよね
僕が言ったんだもんね
ぶッ
どういたしまして
僕は沖田総司と言います
礼儀正しい子は嫌いじゃないよ？
……
ご丁寧にどうも

……わざわざ自己紹介してんじゃねえよ
副長
お気持ちはわかりますがまず移動を
そうだね行こうか
!

……逃げようとすれば
すぐに斬る…ってことか
私を生かすか殺すかは
この人たちの考え方ひとつ……
己のために
最悪を想定しておけ
……さしていいようには
転ばない

私 殺されてしまうんだろうか
でも 本当に恐ろしいのは……
死体の真横で
彼らの話を聞き
彼らと話をした自分……

――そんな自分自身が怖い
私に狂い始めた瞬間があるのだとすれば
それはきっとこの夜だった

薄桜鬼《はくおうき》
新選組奇譚
™

第二話

文久三年 十二月
京都壬生《みぶ》 新選組屯所
はぁ――
夕べのあれ…は
やっぱり
見ちゃいけないもの…
だったんだよね

殺しちゃいましょうよ
口封じするなら
それがいちばんじゃ
ないですか
そんな……！
…総司
物騒《ぶっそう》なことを言うな
お上《かみ》の民を
無闇《むやみ》に殺してなんとする
…けどよ
こればっかりは
大義《たいぎ》のためにも
内密にしなきゃ
なんねぇことなんだろ？
新選組の隊士は
血に狂ってるなんて
うわさが立ちゃあ
俺らの隊務にだって
支障が出るぜ

総司の意見も
一理あると思うけどな
……ま 俺は
土方さんや近藤さんの
決定に従う
……オレは
逃がしてやっても
いいと思う
こいつはべつに
あいつらが血に狂った理由を
知っちまったわけでも
ないんだしさ
…理由?
何か特別な
理由があるの?
平助
……余計な情報を
くれてやるな
あっ…
やべっ

あーあ
これでますます
ギシッ
君の無罪放免が
難しくなっちゃったね
うぅ……
男子たるもの
死ぬ覚悟くらい
できてんだろ？
男子……？
おまえも諦《あきら》めて
腹くくっちまいな
あ そうか…私
男だと思われてるんだ
京都にくるまでの道中
危険な目に遭わないようにって
男装したんだった…

俺も若い頃は切腹したし
たしかに潔《いさぎよ》く死ぬのも男の道だな
うわぁ…
…男なら…な
土方さん
……結論も出ないし いったんこいつを 部屋に戻して 構いませんか？
同席させた状態で 誰かが機密《きみつ》を洩《も》らせば …処分も何も
殺すほかなくなる

そうだな
頼めるか
…私
殺されちゃうのかな……
このまま…
父様にも会えないまま……
父様…どこにいるの？
千鶴《ちづる》
こんな男装までして…
やっと京都まで
たどりついたのに

ゴシッ
…やっぱり父様に会うまでは絶対に死ねない
…逃げよう
…こんなところで泣いてる場合じゃない
ガタ
ガタ
え!?
ぬあっ!?
きゃ!?
ドーンッ
おや……ずいぶん大胆な方ですね まさか逃げるおつもりだったんですか?
う……

勝手に動かれては 困ります
君の身が 余計に危うく なるだけですよ？
……
逃げれば斬る ……昨夜 俺はたしかに そう言ったはずだが？
残念だけど 殺しちゃうしかないかな
約束を破る子の 言葉なんて 信用できないからね
……
……どうせ殺されて しまうなら……
やっぱり逃げるしかない!!

…!?
っ……！
……おまえな本気で逃げ出せるとでも思ったのか？
ぱた ぱた
は はなしてくださいっ！
はなしたら逃げるんだろうがこのアホウ
でも死にたくないですから！
それに 私……
私 しなくちゃならないことが——

ふん……
年端《としは》も行かねぇ小娘が下手な男装までして何を果たそうってんだ？
え？
それは……
あの 土方さん
あの……今小娘って
……なるほどね
やはり女性だったんですか貴方は
……え？

どう見ても女の子だよね
君はきれいに化けたつもりかもしれないけど
……ええっ!?
もしかして…実はみんなとっくに気づいていたの？？
ずぅん
……この近藤勇《いさみ》一生の不覚！
まさか君が女子だったとは!!
ホッ
……
…おい
命をかけられる理由があるんならごまかさずに全部吐け

……いいな？
…はい
……私は
雪村《ゆきむら》千鶴と言います
もともとの住まいは江戸にあるのですが
父様が『京に行く』と言って家を出たまま
ひと月ほど前から音信不通になってしまって…
それまでは毎日のように手紙を送ってくれていたんです

そんな父様が急に音信不通になってしまうなんて心配で…
それでここまで父様を捜しに来たんです
そうか……君も江戸の出身なのか！父上を捜して遠路はるばる京までなぁ…
してそのお父上は何をしに京へ？
あっはい…
父様は雪村綱道《こうどう》という蘭方医で──
──なんだと!?
これはこれは……まさか綱道氏のご息女《そくじょ》とはね
え……？

父様を知っているんですか……?
……現在綱道氏の行方は
新選組で調査している
新選組が父様のことを……!?
あ 勘違いしないでね 僕たちは綱道さんを狙ってるわけじゃないから
あ……

綱道さんは僕らと同じ幕府側の協力者なんだけど……実はちょっと前から行方知れずでさ
!!!
幕府をよく思わない者たちが綱道氏に目をつけた可能性が高い
……生きている公算《こうさん》も高い
蘭方医は利用価値がある存在だ
父様……
無事なのかな……？
綱道氏が見つかる可能性は君のおかげで格段に上昇しましたよ
……え？

実は綱道氏が
ここを訪れたのは
ほんの数回でしてね
面識《めんしき》の薄い人間を
捜し出すのは
なかなか困難な
ことですから
ですが
綱道氏の娘である
君ならば
身なりが変わっていようと
看破《かんぱ》できますね？
……はい
あの蘭方医の
娘となりゃあ
殺しちまうわけにも
いかねぇよな
……昨夜の件は
忘れるって言うんなら
父親が見つかるまで
おまえを保護してやる

君の父上を見つけるためならば我ら新選組は協力を惜しまんとも！
あ……
ありがとうございます！
殺されずに済んでよかったね
……とりあえずはだけど
はい……よかったです
本来であればここのような男所帯《おとこじょたい》より所司代や会津藩に預けてやりたいんだが…
不便があれば言うといい
その都度《つど》可能な範囲で対処してやる
あ…ありがとうございます

ま まあ 女の子となりゃあ 手厚くもてなさんと いかんよな
いいじゃねえか これで屯所が 華やかになると思えば 新八に限らず はしゃぎたくもなるだろ
新八っつぁん 女の子に 弱いもんなあ……
でも だからって 手のひら返すの 早過ぎ
けどよー
……
…私 華やかに できるかなあ…？
隊士として扱うのも また問題ですし 彼女の処遇は少し 考えなければなりませんね
なら 誰かの 小姓《こしょう》にすりゃいいだろ？ 近藤さんとか 山南さんとか——
やだなあ 土方さん

そういうときは言いだしっぺが責任取らなくちゃ
ああトシのそばなら安心だ！
そういうことで土方君
彼女のことよろしくお願いしますね
……てめぇら……
……
ニヤ
ニヤ
こうして土方さんの小姓として新選組で生活をするようになった私は
徐々に屯所での生活にも慣れ
半年をすぎる頃には隊士の巡察に同行するという条件付きで
父様を捜すための外出許可ももらえるようになった

その矢先に
「池田屋事件」が
起こったわけだけど──
伝令として…
少しは役にたてた……よね？
どうした千鶴？
考えごとか？
ぼーっとしてたぞ
あ…
元治元年 七月
京都市中
あっ
あの
原田《はらだ》さん
新選組は
京の治安を
守るために
毎日 昼も夜も
町を巡回して
いるんですよね？

それで…具体的にはどういうことをしているんですか？
ん？
まピンからキリまで大小様々だな
辻斬りや追い剥ぎはもちろん食い逃げも捕まえるし喧嘩《は》も止める
食い逃げ……
商家を脅して金を奪おうとするやつらも俺ら新選組が取り締まってるよ
…思ってたよりも地味な仕事が多いみたい…
あの池田屋事件は本当に大きな捕り物だったんだ
おーい

永倉さん！
タタ
タ
よう
千鶴ちゃん！
親父さんの情報
なんか手に入ったか？
今日は
まだ何も
……んな暗い顔
すんなって！
今日が駄目でも
明日がある
そうだろ？
はい！

で新八 そっちはどうだ？ 何か異常でも あったか？
いんや 何も
……けど やっぱり町人たちの 様子がせわしねぇな
そういえば 引越しの準備してる人も 多かったですよね
戦火に 巻き込まれまいと 京から避難し始めてる ってことか
え…？ 戦火？
長州のやつらが 京に集まって きてんだよ
その関係で 俺らも警戒強化中 ってわけだ
池田屋の件で長州を 怒らせちまったからな
仲間から犠牲が出れば 黙ってられないだろう？
対長州か……
もしかすると 上から出動命令が 出るかもしれねぇな

新選組の上…って会津藩から？
それってすごいことですよね？
ああ そんな機会滅多にないだろうな
せっかくだからおまえも出てみるか？
えっ!?
そそんな戦場になるかもしれない場所へ私なんかが……!?
あ…でも……池田屋の時みたいに
私にもみんなのために何かできることがあるのかな…
それなら……
あ…あの……
…ちょ ちょっとだけ参加してみたいです

会津藩から
正式な要請が下った
只今より
我ら新選組は総員出陣の
準備を開始する！
ついに会津藩も
我らの働きを
お認めくださったのだなぁ
うんうん

はしゃいでる暇はねえんだ てめえらもとっとと準備しやがれ
長州の連中はもうとっくに布陣《ふじん》を終えてるんだ
ったく……
てめえの尻に火がついてから俺らを召喚《しょうかん》しても後手《ごて》だろうがよ
そういえば千鶴ちゃん もし新選組が出陣することになったら いっしょに参加したいとか言ってたよな
……え？ でも あの…
おお そうだな こんな機会は二度とないかもしれん
近藤さんまでッ
えっ!?
今度も無事ですむ保証はねえんだ
おまえは屯所で大人しくしてろ

君は新選組の足を引っ張るつもりですか？
池田屋での怪我で沖田君や藤堂《とうどう》君も不参加だというのに
遊びで同行していいものではありませんよ
は…はい
山南総長それは——
彼女が迷惑をかけなければ同行を許可するという意味の発言ですか？
え？
……まさか斎藤君まで彼女を参加させたいと仰るんですか？
彼女は池田屋事件において我々新選組の助けとなりました
働きのみを評価するのであれば一概《いちがい》に足手まといとも言えないかと
うーんよしわかった！

君の参加に関しては
俺が全責任を持とう
もちろん同行を
希望するので
あれば…だが
あ
あの…
戦場に行くんだって
わかってるなら
後は君の好きに
すればいいと思うよ
じゃあ私…
池田屋の時みたいに
何かの役に
立てるといいな…
参加させてもらいます

大急ぎで支度を済ませ
出陣した私たちだったが
幕府側の情報は
錯綜《さくそう》していて
新選組は
援軍へと駆けつけた各所で
「聞いていない」と
門前払いの扱いを受けた
しかし
出陣の要請を受けている
近藤さんや土方さんは
辛抱強く幕府の偉い人や
お役人さんと交渉を続け
ようやく新選組は
九条河原《くじょうがわら》で会津藩士の
予備部隊と共に
待機ということになった
ドオーッ
す―

わあああ
――行くぞ
はいっ!
待たんか!
新選組!
我々は待機を命じられているのだぞ!?
てめえらは 待機するために 待機してんのか?
御所《ごしょ》を守るために 待機してたんじゃねえのか! 長州の野郎どもが 攻め込んできたら 援軍に行くための 待機だろうが!
し しかし 出動命令は まだ……

自分の仕事に
ひと欠片《かけら》でも誇りが
あるなら
てめえらも
待機だ云々《うんぬん》言わずに
動きやがれ！
…私たち
どこに行くんですか？
敵が確実にいる場所――
蛤《はまぐり》御《ご》門《もん》を目指す
あれ……？
蛤御門…

ジャリ…
どうやら戦闘はすでに終わっていたようだな…
天子様の…蛤御門がボロボロ
しかし…天子様の御所に討ち入るなど
副長
朝方 蛤御門へ押しかけた長州勢は会津と薩摩《さつま》の兵力により退《しりぞ》けられた模様です
長州はいったい何を考えているのだ
薩摩が会津の手助けをねぇ……
世の中 変われば変わるもんだ

土方さん
公家御門《くげごもん》のほうには
まだ長州のやつらが
残ってるらしい
副長
今回の御所襲撃を
扇動《せんどう》したと見られる
過激派の中心人物らが
天王山《てんのうざん》に向かっていきます
……忙しくなるぞ
ニヤッ

原田
隊を率いて公家御門へ向かい長州の残党どもを追い返せ
あいよ
斎藤と山崎には状況の確認を頼む当初の予定どおり蛤御門の守備にあたれ
御意
それから大将あんたには大仕事がある
手間だろうが会津の上層部に掛け合ってくれ
む
天王山に向かったやつら以外にも敗残兵《はいざんへい》はいる
追討《ついとう》するなら俺らも京を離《はな》れることになる
その許可をもらいに行けるのはあんただけだ
そうか…

京都の守護が仕事の新選組が
落ち延びた長州の人たちを追討するには
京都守護職である会津藩の許可が必要なんだ
なるほどな 局長である俺が行けば きっと守護職も取り合ってくれるだろう
源《げん》さんも守護職邸に行く近藤さんに同行して
大将が暴走しないように見張っておいてくれ
暴走って…
はいよ 任されました
残りの者は俺と共に天王山へ向かう!
行くぞ!!

タタッ

あおい！
ちょっと待て…

うぎゃあっ!?
!?
相変わらず野暮《やぼ》な風体《ふうてい》をしている
その羽織は新選組だな

あの夜も池田屋に乗り込んで来たかと思えば
今日もまた戦場で手柄探しとは……
田舎侍にはまだ餌が足りんと見える
……いや 貴様らは侍ですらなかったな

薄桜鬼《はくおうき》
新選組奇譚
TM

第四話

……おまえが池田屋にいた凄腕とやらか
しかしずいぶんと安い挑発をするもんだな
『腕だけは確かな百姓集団』と聞いていたが
この有様《ありさま》を見るにそれも作り話だったようだな

池田屋に来ていた
あの男
沖田と言ったか
あれも剣客《けんかく》と呼ぶには
非力な男だった
――総司の悪口なら
好きなだけ言えよ
でもな
その前に
こいつを殺した
理由を言え！

その理由が
納得いかねぇもん
だったら
今すぐ俺が
貴様らが
武士の誇りも知らず
手柄を得ることしか
頭にない
幕府の犬だからだ
敗北を知り
戦場を去った
連中を
なんのために
追い立てようと
いうのだ

おまえをぶった斬る
腹を切る時間と場所を求め天王山を目指した
長州侍《ちょうしゅうざむらい》の誇りを何ゆえに理解せんのだ！
え……？
長州の人たちは切腹するつもりなの？

この人が怒ってるのは
たぶん
自分とは無関係な
長州侍のため
長州侍の誇りのために
新選組の足止めをしようとしている
だけど…
……誰かの
誇りのために
誰かの命を
奪ってもいいんですか？
誰かに形だけ
誇りを守ってもらうなんて
それこそ誇りが
ずたずたになると思います

ならば手柄を立てるためであれば
他人の誇りをおかしてもよいというのか？
そういうわけじゃないんですけど……
偉そうに話し出すから何かと思えば……
戦いを舐《な》めんじゃねえぞ
この甘ったれが
何……？

身勝手な理由で喧嘩をふっかけたくせに討ち死にする覚悟もなく尻尾《しっぽ》巻いた連中が
武士らしくきれいに死ねるわけねえだろうが！
罪人は斬首刑《ざんしゅけい》で十分だ……自ら腹を切る名誉なんざ
御所に弓引いた逆賊には不要のもんだろ？
……自ら戦いを仕掛けるからには
殺される覚悟も済ませておけと言いたいのか？

死ぬ覚悟もなしに戦を始めたんなら
それこそ武士の風上にも置けねえな
やつらに武士の誇りがあるんなら
俺らも手を抜かねえのが最期のはなむけだろ？
で おまえも覚悟はできてるんだろうな
俺たちの仲間を斬り殺した
その覚悟が
新八！
こいつの相手は俺にまかせておまえは先に行け
…!!

……口だけは
達者らしいが
まさか俺を殺せる
とでも思っているのか？
ギィィンッ
ザッ

ダッ
本当なら
!?
だめです永倉さん！
この部隊の全員で彼と戦うべきなのかもしれない
…でもきっと彼に手間取って
今私たちがすべきことは天王山に向かうことです！
本来の任務がおろそかになるのを土方さんは望んでないから…
千鶴ちゃん…

土方さんよ
この部隊の指揮権限
キン
今だけ俺が借りておくぜ！
イン
うっし
ニッ
……いいか おまえら！
今から天王山目指して全力疾走再開だ！
おおっ！

はッ
貴様ら……！
…っ！
余所見《よそみ》してんじゃねぇよ
真剣勝負って言葉の意味も知らねぇのか
……天王山で待ってますから！
絶対追いついてくださいね！

おまえ
俺が誰だかわかってんのか？
はいっ……
……そろそろ

日が暮れちゃいますね 島田《しまだ》さん
……大丈夫ですよ そろそろ戻って来られると思いますよ
大丈夫なのかな…
!!
土方さん……!
よかった…
ご無事でしたか副長
……怪我もないようでなによりです

せめてひと太刀浴びせたかったんだが
途中で薩摩藩《さつまはん》の横槍が入りやがった
薩摩藩の横槍ですか……？
風間《かざま》……
風間千景《ちかげ》とか言ってたな
あいつは薩摩の人間らしい
薩摩藩の人……？
薩摩藩は会津藩に協力していたはずなのに…
会津藩傘下の新選組の邪魔をするなんて
あの人……風間さんは
上の指示を無視してたってことですか？
多分な

薩摩の連中も迷惑してるんだろうに
風間には強く言えないらしい
その風間とやらは薩摩の中でも相当に優遇された立場にあるんでしょうな
身分の上にあぐらをかいてる甘ったれなんだろ
俺たちみてえな連中が必死に手柄を立てようとする気持ちは
わかんねえんだ
…お
ホッ
長州のやつら残らず切腹して果ててたぜ

あ…
自決か
敵ながら
見事な死に様だな
あの……
いいんですか？
新選組としては
よくねえよ
やつらに務めを
果たさせちまったんだからな
？
えっと……
潔《いさぎよ》しを潔しと
肯定するのに
敵も味方もねえんだよ
わかるか？

ん――っ
わかるような
わからないようなです……
長州の過激派浪士たちが御所に討ち入ったこの事件は
後に「禁門の変」と呼ばれるようになる
味方同士の情報伝達がうまくいかなかったせいで新選組の動きは後手に回り
残念ながら活躍らしい活躍もできなかった
「禁門の変」の後 長州藩は御所に向けて発砲したことを理由に朝廷に歯向かう逆賊《ぎゃくぞく》として扱われていく

そして 長州の敗残兵を
取り締まるため
京から離れることを許された
新選組は大坂から兵庫に
かけてを警衛した
乱暴を働く浪士たちを
取り締まり 周辺に住まう人々の
生活を守ったのだ
元治二年 二月
新選組屯所
……しょっ……と
お茶が入りました
八木《やぎ》さんたちにも
世話になったが
この屯所もそろそろ
手狭になってきたか

もらうよー
まあ たしかに狭くなってきたなぁ
隊士の数も増えてきたし……
江戸にいる平助君が新しい隊士さんを募《つの》ってくれていますし
まだまだ増えますよね
広いところに移れるならそれがいいんだけどな
雑魚寝《ざこね》している連中かなり辛そうだしな
だけど僕たち新選組を受け入れてくれる場所なんて何か心当たりでもあるんですか？
西本願寺《にしほんがんじ》
あははは！
それ絶対嫌がられるじゃないですか！
西本願寺？？
ってどんな場所なんだろう
えっと……
京都に来てそろそろ1年だけど巡察以外に外出してないからよくわからないな…

たしかにあの寺なら十分広いな
……ま 坊主どもは嫌がるだろうが
それに西本願寺からならいざというときにも動きやすいだろ
……そんなに嫌がられそうなんですか？
西本願寺は長州に協力的だ
何度か浪士を匿《かくま》っていたこともある
あ……
長州の味方なら新選組の敵ってことだよね
でもそんな場所じゃこっちだって居心地が悪いんじゃ……
…向こうの同意を得るのは決して容易なことではないだろう
しかし 我々が西本願寺に移転すれば長州は身を隠す場所をひとつ失うことになる
あ……！
そっか 広くて立地条件がいい上に敵側の動きも押さえられる…

そこまで考えての移転なんだ
僧侶の動きを武力で押さえつけるなど見苦しいとは思いませんか？
寺と坊さんを隠れみのにして
今まで好き勝手してきたのは長州だろ？
……過激な浪士を押さえる必要があるという点に関しては同意しますが
トシの意見はもっともだが山南君の考えも一理あるなあ
さすがは近藤局長ですねぇ
敵方まで配慮《はいりょ》なさるなど懐《ふところ》が深い

む？
そう言われるのは
ありがたいが
俺など浅慮《せんりょ》も
いいところですよ
いえいえ
ご立派ですわ
この人は
伊東甲子太郎《いとうかしたろう》 参謀《さんぼう》
新たに新選組に入隊した
大幹部の人だ
江戸に平助君を残して
ひと足早く帰ってきた近藤さんは
伊東さんたち新隊士を連れてきた
伊東さんは
平助君や山南さんとも親交のある
北辰一刀流《ほくしんいっとうりゅう》剣術道場の
先生らしい

強くて新隊士をたくさん連れて来てくれて…
参謀という待遇で新選組に入るのは当然かもしれないのだけど……
みんな…最初から伊東さんのことをよく思ってはいないみたい…
悪い人ではないと思うのだけど独特というか癖《くせ》が強いというか…
山南さんの意見にも感心しましたわ
相変わらず大変考えの深い方ですわねぇ
まあ左腕は使い物にならないそうですが
それも些細《ささい》な問題ではないかしら

剣客としては生きていけずともお気になさることはありませんわ
山南さんはその才覚と深慮《しんりょ》で新選組と私を十分に助けてくれそうですもの
――伊東さん今のはどういう意味だ
あんたの言うように山南さんは優秀な論客《ろんかく》だ
……けどな
山南さんは剣客としても
この新選組に必要な人間なんだよ！

ですが
私の腕は……
あら
私としたことが
失礼いたしました
その腕が
治るのであれば
なによりですわ
……くそっ
…伊東さん
もしよければ
隊士たちの稽古でも
見学に行きませんかね？
まあ……
素敵なお誘いですねぇ
是非ごいっしょさせて
いただきますわ！
…山南さん
……あんなやつの
いうことなんざ
気にする必要ねぇからな

……
スッ
あ……
ですが私の腕は……
山南さんが左腕を怪我したのは

私が新選組に
お世話になるようになって
間もない頃のことだった
大坂に出向いていた
山南さんは
むりやり呉服屋さんに
押し入った浪士を
退《しりぞ》ける際
怪我を負って
しまったのだ
その時のことは
今もよく覚えている
夕食中に井上《いのうえ》さんから
その知らせを聞いて
命に別条《べつじょう》はないとの言葉に
私はすぐに安堵《あんど》したが
みんなの表情は
晴れないままだった
刀は片腕で
容易に扱えるものではない
最悪――山南さんは
二度と真剣を振るえまい

あの時
剣を握れない山南さんは
武士としての山南さんは
死んでしまったのかも知れない
薬でもなんでも
使ってもらうしか
ないですね
山南さんも
納得してくれるんじゃ
ないかなあ
……
そうだ あの時
沖田さんが
たしか《薬》って
動かなくなった
腕が治るなんて…
そんな薬が
新選組にあるのかな？

これでも私
蘭方医の娘だし……
薬についてなら
普通の人より多少は
わかるけれど……
薬があるとしたら
カラ
カラ
私が行ったことのない
隊士さんたちの部屋の
前川《まえかわ》邸か…
八木邸の奥のほうだと
思うんだけど…

こんばんは千鶴ちゃん
…沖田さん
どこに行くつもり？
まさか脱走とか？
ジャ…
違います……！
ふうん……？
まあ いいけど
どうせ君には逃げるあてもないしね

よ　夜遊びって……
ともかく　君は
部屋に戻りなよ
子供が夜遊びする
時間じゃないんだから
……はい
だけど　もし
怖いものを見たら
すぐに声をあげて
助けを呼ぶんだよ
え……？
ひとりで何か
しようなんて
思わなくていいから
……わかった？

あの……
でも怖いものって……？
怖い夢とか
怖いおばけとか
あ
大穴で鬼副長なんてどうかな？
……
それは怖そうですね…
——私部屋に戻ります
いい子だね
千鶴ちゃん

僕は中庭でも
ひと回りしてこようかな
ホッ
まさか
沖田さんが
待ち受けていたなんて……
これじゃ前川邸のほうを
調べるのは無理か
ダッ
八木邸の奥のほうを調べてみよう…
ギシ
ギシ

……あれ？　今誰か…
ス
ガタンッ
山南さん？
……
あ……
…まさか君に見つかるとはね
え……？
正直 予想していませんでしたよ
さ 山南さん……？

……これが気になりますか？
これは君の父親である綱道さんが幕府の密旨《みっし》を受けて作った薬です
え……？
父様が幕府から命じられて……？
もともと 西洋から渡来したものだそうですよ
人間に劇的な変化をもたらす
秘薬としてね
……劇的な変化ですか？
ええ
単純な表現をするのでしたら主には筋力と自己治癒力の増強でしょうか
………

しかしそれには致命的な欠陥がありました
強すぎる薬の効果が
人の精神を狂わすに至ったのです
投薬された人間がどうなるか…
その姿は君もご覧になったでしょう?
……っ!?
まさか…
薬を与えられた彼らは理性を失い血に狂う化け物と成り下がりました
そんな薬どうして……
どうやら思い当たられたようですね
戦場で血が流れるたび狂っていては
たとえ強靭《きょうじん》な肉体を手に入れようと意味がありません

綱道さんは
新撰組という実験場で
この薬の改良を
行っていたのですよ
そんな……！
いくら幕府の命令だからって…
父様がそんな恐ろしい薬に
関わるなんて…
……あの人が残した
資料を基《もと》にして
私なりに手を加えた
ものがこれです
残念ながら
彼は行方不明となり
薬の研究は中断
されてしまいましたからね
そ…その薬なら
狂ったり
しないんですか……？
正直なところ
まだわかりません
…誰にも試していない
ものですから
服用すれば
私の腕も治ります
薬の調合が
成功さえしていれば…ね

——使うつもりなんですか!?
剣客として死に
ただ生きた屍《しかばね》になれというのであれば
人としても死なせてください
成功すれば私の腕も治ります
さして分の悪い賭けではありませんよ
山南さんっ!!

ぐ……っ……
山南さん！
ハァ
ハァ

山南…さん……
髪が…
「薄桜鬼」第1巻■END■

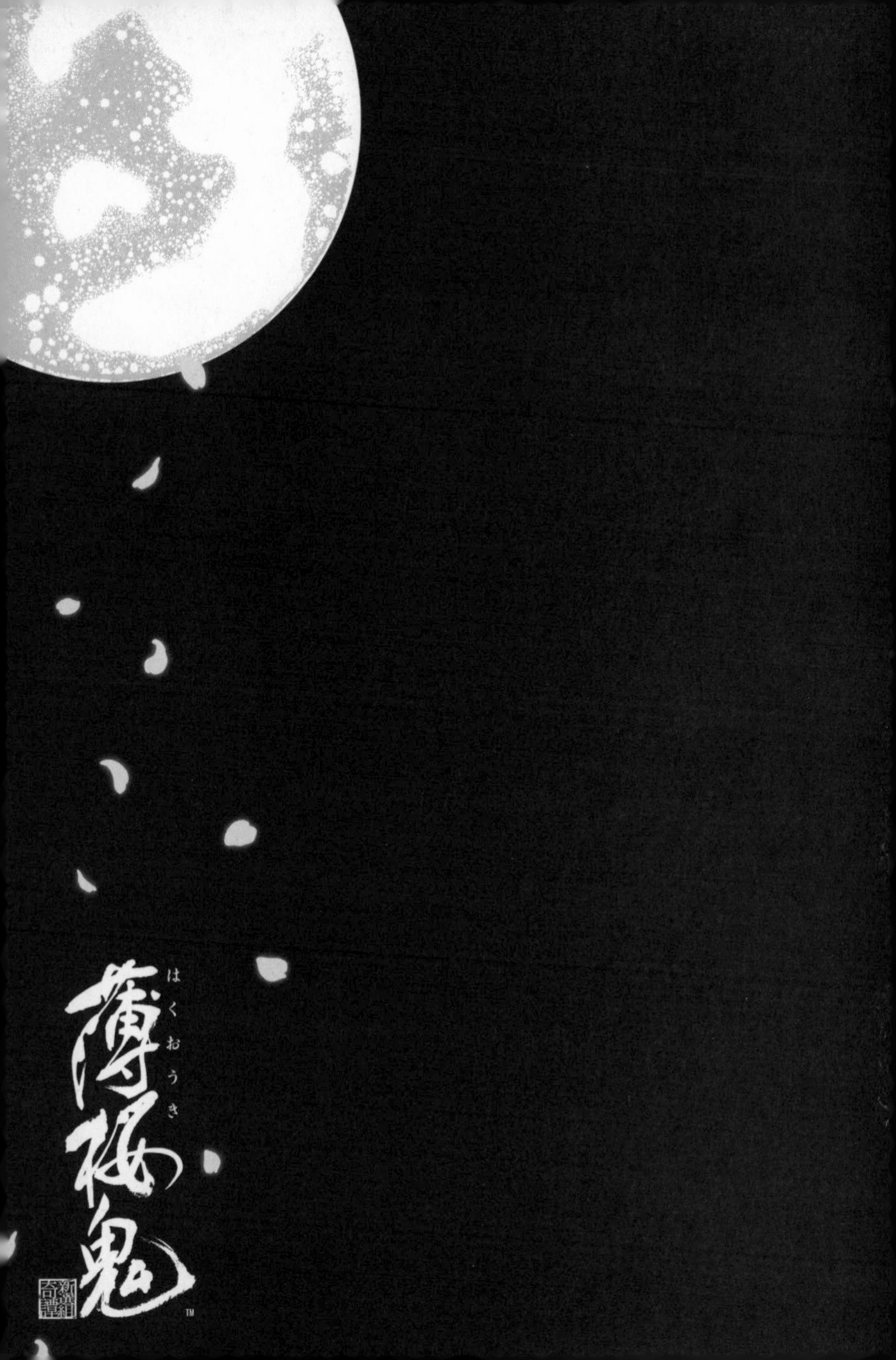
薄桜鬼《はくおうき》
新選組奇譚
TM

薄桜鬼《はくおうき》 新選組奇譚™

［原作ゲーム］

紹介

コミックの原作となっている、『薄桜鬼 新選組奇譚』は二〇〇八年秋にPS2にて発売された乙女向けゲーム。

重厚なシナリオと、新しい新選組のイメージが広くファンの心をつかみ、大ヒットとなったゲームです。

二〇〇九年にはPSPへの移植版とファンディスク『薄桜鬼 随想録』の発売。

二〇一〇年にはDS移植版とミニゲーム集『薄桜鬼 遊戯録』の発売に加え、『薄桜鬼 新選組奇譚』と『薄桜鬼 随想録』がセットとなったPS3への移植版『薄桜鬼 巡想録』が六月十七日に発売予定。

二〇一〇年四月からはアニメも始まり、『薄桜鬼』の魅力にはまるファンは更に増加中。原作ゲームの発売から2年を経た現在、ますますもりあがりを見せています。

新選組とは？

江戸時代末期、京都は主家を持たない侍＝浪士が尊王攘夷思想（※）を掲げて多く集まる地域となっていた。暴挙を働く浪士たちを取り締まり、京の警察活動に従事した幕府の組織が新選組である。

※尊王攘夷思想
天皇を頂点とし、外国からの脅威を排除するという思想。幕府による支配に不満を持つ侍たちの合言葉のように使用されていた。

⬆新選組の本拠地となる屯所。壬生、西本願寺等、何度か引越しをしている。

登場人物

雪村千鶴
ひょんなことから新選組にやっかいになることになった主人公。前向きで、自らの過酷な運命にもくじけない強さを持っている。

新選組

土方歳三
鬼の副長と恐れられる新選組副長。

沖田総司
天才的な剣の腕を持つ一番組組長。

斎藤一
常に冷静な三番組組長。居合いの達人。

※このページの情報は2010年5月現在のものです。

ゲーム開発陣より

プロデューサー 藤澤経清氏

薄桜鬼コミック版の単行本化、
おめでとうございます。
思い起こせば薄桜鬼のコミカライズを
コミックビーズログ様から
ご相談を受けたときに、
いろいろご無理をお願いして
二宮先生にしていただきました。
二宮先生の薄桜鬼は
予想通り大変素敵ですね。
これからも楽しみにしています。

ディレクター いわた志信氏

祝・薄桜鬼コミカライズ第一巻！
本当におめでとうございます。
複数のルートのある
ゲームのコミカライズは
大変かと思いますが、
ゲームの流れを大切にしつつ、
漫画として面白いものにするのは
大変なご苦労だったかと思います。
二宮先生の描く隊士たちは
ゲームとはまた違った魅力があり、
今後の展開が非常に楽しみです。
頑張ってください！

キャラクターデザイン・原画 カズキヨネ氏

この度はコミック版
薄桜鬼の単行本
出版おめでとうございます。
ゲームだけではなかなか表現できない
細かい情景などを表現されていて、
またマンガの中で
活き活き動く隊士達に
とても感動しています！
今後も楽しみに読ませて
頂きますので
頑張ってくださいませ！

二宮サチ

※コミカライズスタート時に
描き下ろされたラフ

初単行本です。
ゲームのコミカライズ、しかも時代物ということで戸惑うばかりでしたが、
編集様に助けられて、なんとか単行本まで漕ぎ着けられました。
これからも頑張りますのでよろしくお願いします!
編集の飯嶋様、PCやネットがピンチの時に何度も助けてくれた松田様
安眠妨害してくれるけど憩うワンコのソラ
迷惑かけっ放しのメーカーの皆様に感謝します。

新選組の秘密を知った少女
雪村千鶴
羅刹《らせつ》…変若水《おちみず》…
やっぱり殺しちゃうしかないかな
隊士におちる羅刹化の闇
羅刹になろうとなるまいと俺のやることは同じ

「薄桜鬼②巻」

2010年冬発売予定!!

乙女のあこがれコンプリート
絶好調連載！
大人気乙女ゲームの
コミカライズ！
薄桜鬼《はくおうき》
新選組奇譚
TM
監修
アイディアファクトリー
デザインファクトリー
二宮サチ
キリシマソウ
忍びよる恋はくせもの
豪華コンビで贈る究極の
ピュア・ラブストーリー！
キュビズム・ラブ
Cubism Love
松本テマリ
×芝村裕吏

ドキ☆きゅん!!
宿命のトライアングル学園ラブコメ
絶好調！最強タッグコミカライズ
咎狗の血
茶屋町勝呂
原作:Nitro+CHiRAL
イケメンだらけの新説三国志☆
よんごくしっ♥
双葉はづき
豪華執筆陣
びっけ、諏訪絢子、夏目ココロ、スメラギ、真田和史、住吉文子、イ・ヨンユ、三雲アズ、綾瀬マナほか
コミックビーズログ
キュン!
偶数月15日発売 予価:680円(税込み)/B5判
薄桜鬼関連書籍大好評発売中!!
「薄桜鬼アンソロジー 紅」
「薄桜鬼アンソロジー 蒼」
◆B's-LOG COMICS
◆各定価：788円（本体750円+税5%）
「薄桜鬼-新選組奇譚-ストーリーブック」上下巻
◆B's-LOG COLLECTION
◆各定価：2310円（本体2200円+税5%）
「薄桜鬼 随想録 ストーリーブック」上下巻
◆B's-LOG COLLECTION
◆各定価：1575円（本体1500円+税5%）

編集部では、この作品に対する皆様の
ご意見・ご感想をお待ちしております。

〒102-8431
東京都千代田区三番町6-1
株式会社エンターブレイン
コミックビーズログ編集部
『薄桜鬼①』係

初出

薄桜鬼　第一話
B's-LOG 2009年11月号増刊　コミックビーズログ キュン!Vol.1

薄桜鬼　第二話
B's-LOG 2010年1月号増刊　コミックビーズログ キュン!Vol.2

薄桜鬼　第三話
B's-LOG 2010年3月号増刊　コミックビーズログ キュン!Vol.3

薄桜鬼　第四話
B's-LOG 2010年5月号増刊　コミックビーズログ キュン!Vol.4

予告
B's-LOG 2009年11月号　付録

B's LOG COMICS
ビーズログコミックス
薄桜鬼①
発行日　2010年6月11日初版発行

著者◆二宮サチ
監修◆アイディアファクトリー/デザインファクトリー
発行人◆浜村弘一
編集人◆森 好正
編集◆コミックビーズログ編集部
担当◆飯嶋佐紀
デザイン◆蛇川貴子
DTP・製版・印刷◆共同印刷株式会社
発行所◆株式会社エンターブレイン
〒102-8431　東京都千代田区三番町6-1
TEL 0570-060-555(代表)
発売元◆株式会社角川グループパブリッシング
〒102-8177　東京都千代田区富士見2-13-3

◆本書の内容・不良交換についてのお問い合わせ先
エンターブレイン　カスタマーサポート
TEL 0570-060-555(受付時間 土日祝日除く 12:00～17:00)
メールアドレス:support@ml.enterbrain.co.jp

Printed in Japan　　定価はカバーに表示してあります。
ISBNコード 978-4-04-726531-8